Celebrando las diferencias

Apariencias diferentes

por Rebecca Pettiford

Bullfrog Books

Ideas para padres y maestros

Bullfrog Books permite a los niños practicar la lectura de texto informacional desde el nivel principiante. Repeticiones, palabras conocidas y descripciones en las imágenes ayudan a los lectores principiantes.

Antes de leer

- Hablen acerca de las fotografías. ¿Qué representan para ellos?
- Consulten juntos el glosario de fotografías. Lean las palabras y hablen de ellas.

Durante la lectura

- Hojeen el libro y observen las fotografías. Deje que el niño haga preguntas. Muestre las descripciones en las imágenes.
- Lea el libro al niño, o deje que él o ella lo lea independientemente.

Después de leer

- Anime a que el niño piense más. Pregúntele: Piensa en tu mejor amigo. ¿Qué diferencias tienen en el exterior? ¿Qué tienen en común por dentro?

Bullfrog Books are published by Jump!
5357 Penn Avenue South
Minneapolis, MN 55419
www.jumplibrary.com

Library of Congress Cataloging-in-Publication Data

Names: Pettiford, Rebecca, author.
Title: Apariencias diferentes / por Rebecca Pettiford.
Other titles: Different appearances. Spanish
Description: Minneapolis, Minnesota: Jump!, Inc., 2017. | Series: Celebrando las diferences | Includes index. | Audience: Age 5–8. | Audience: K to grade 3.
Identifiers: LCCN 2017002946 (print) | LCCN 2017009246 (ebook) | ISBN 9781620317907 (hardcover: alk. paper) | ISBN 9781620317952 (pbk.) ISBN 9781624966170 (ebook)
Subjects: LCSH: Physical anthropology--Juvenile literature.
Classification: LCC GN62.8 P4618 2017 (print) LCC GN62.8 (ebook) | DDC 599.9--dc23
LC record available at https://lccn.loc.gov/2017002946

Editor: Jenny Fretland VanVoorst
Book Designer: Leah Sanders
Photo Researcher: Leah Sanders
Translator: RAM Translations

Photo Credits: Adobe Stock: jovannig, 5. Alamy: Ira Berger, 19. Getty: Flashpop, 1; charlie schuck, 6–7; Image Source, 8–9; Jose Luis Pelaez, 20–21. iStock: monkeybusinessimages, cover; Nata_Snow, 11; Wavebreakmedia, 12–13, 14–15; DOUGBERRY, 16–17; valeriebarry, 18. Shutterstock: Andy Dean Photography, 3; Brocreative, 4; Duplass, 10; Hasnuddin, 22ml; ESB Professional, 22bm; Stuart Monk, 22tl; Gelpi, 22tl, 22mr; Alan Sheldon, 22tr; Valua Vitaly, 22bl; Ronnachai Palas, 22br; Daxiao Productions, 22tm; Nanette Grebe, 24.

Printed in the United States of America at Corporate Graphics in North Mankato, Minnesota.

Tabla de contenido

¡Míranos!

La gente es diferente.

Todos tenemos formas diferentes.

Todos somos de tamaños diferentes.

5

Nuestra piel es diferente.

Bo tiene piel café.

Tim tiene pecas.

Nuestro cabello
es diferente.

El cabello de
Min es lacio.

El de Shey
es rizado.

Meg tiene el cabello pelirrojo.

El cabello de Sami es rubio.

lentes

También, somos diferentes de otras maneras.

Jack usa lentes.

Le ayudan a ver.

Erik usa una
silla de ruedas.

Le ayuda a moverse.

¡Asombroso!

¡Puede ir muy rápido!

silla de
ruedas

frenos

¡Mira!

Dana usa frenos.

Le enderezan
los dientes.

La ropa también nos hace ver diferentes.

Lila se cubre la cabeza.

Avi se pone un sombrero alto.

Mira a tu alrededor.

Todos somos diferentes.

Cada uno de nosotros es único.

¡Cada uno de nosotros es especial!

Juntos diferentes

¡Mira todas las maneras en las cuales un grupo de amigos pueden ser diferentes unos de otros!

Glosario con fotografías

frenos
Aparato que
se pone en los
dientes para
enderezarlos.

silla de ruedas
Una silla con
ruedas para que
la gente que no
puede caminar la
use para moverse.

pecas
Manchas cafés
en la piel.

único
No hay
otro igual.

Para aprender más

Aprender más es tan fácil como 1, 2, 3.

1) Visite www.factsurfer.com

2) Escriba "aparienciasdiferentes" en la caja de búsqueda.

3) Haga clic en el botón "Surf" para obtener una lista de sitios web.

Con factsurfer.com, más información está a solo un clic de distancia.